ÉLAGUÉ

RENÉ CHAR

En trente-trois morceaux
Sur la Poésie
Le Bâton de rosier
Loin de nos cendres

Sous ma casquette amarante

Entretiens

13 SEP. 1999

nrf

GALLIMARD

© *Éditions Gallimard, 1983 et 1995.*

COLLECTION POÉSIE

En trente-trois morceaux

1956

PRÉAMBULE

Souvent le soir, lorsque tout ce qui s'agite et circule a sensiblement réduit son fracas et son allure, qu'il est permis enfin de rapprocher les choses de soi avec une libre minutie, je sors de mon domicile et, par la rue de Babylone, je gagne le boulevard des Invalides. J'éprouve une délectation un peu hagarde en cet endroit, car, de tous ses aplombs, le ciel m'entre dans les épaules. Sous une pèlerine de pluie fine, le fantôme de l'impulsion seconde rôde par là. Rue de Varenne, j'emprunte le trottoir du musée Rodin dont la haute porte vert-de-lierre et le joli jardin tout en profondeur, derrière l'hôtel transparent, sommeillent, on le devine, sans appréhension. La rue Barbet-de-Jouy s'ouvre comme une allée. Dès sa première maison, tant la réussite est juste, le long frisson de mon plaisir éclôt et remercie. Remercie Marcel Proust auquel ce lieu me ramène. Site qui lui appartient comme un grain de beauté à une province écartée du corps. Il le donne à toucher, bien que le poète Marcel Proust ne le mentionne, je crois, dans aucune de ses œuvres.

Une des nuits dernières, passant ici et songeant à lui, la masse verticale et peu illuminée de mes premiers ouvrages posée en équilibre sur ma tête, j'avançais sans prudence. De loin en loin une mèche d'arbre surgissait dans l'intervalle de deux maisons. Soudain — à la suite de quelle maladresse? — la tour de mes poèmes s'écroula au sol, se brisa comme verre. Sans doute, forçant l'allure et rencontrant le vide, avais-je voulu saisir, contre son gré, la main du Temps — le Temps qui choisit —, main qu'il n'était pas décidé à me donner encore. Le Marteau sans maître, Placard pour un chemin des écoliers, Art bref, Dehors la nuit est gouvernée, *n'avaient plus du livre que le nom. Je ramassai trente-trois morceaux. Après un moment de désarroi je constatai que je n'avais perdu dans cet accident que le sommet de mon visage.*

Paris, 8 avril 1956.

[1]

Oiseau jamais intercepté
Ton étoile m'est douce au cœur
Ma route tire sur sa raie
L'air s'en détourne et l'homme y meurt.

[2]

Avant de te connaître, je mangeais et j'avais faim, je buvais et j'avais soif, bien et mal m'indifféraient, je n'étais pas moi mais mon prochain.

[3]

Des yeux purs dans les bois
Cherchent en pleurant la tête habitable.

[4]

L'homme qui emporte l'évidence sur ses épaules
Garde le souvenir des vagues dans les entrepôts de sel.

[5]

Moi qui n'ai jamais marché mais nagé mais volé parmi vous.

[6]

Laisse-moi me convaincre de l'éphémère qui enchantait hier ses yeux.

[7]

La paix du soir aborde chaque pierre y jette l'ancre de douleur
Puis vient la nuit grosse de batailles.

[8]

L'air était maternel
Les racines croissaient.

[9]

Un papillon de paille habitait un crâne de chien
Ô couleurs ô jachère ô danse !

[10]

Seuls aux fenêtres des fleuves
Les grands visages éclairés
Rêvent qu'il n'y a rien de périssable
Dans leur paysage carnassier.

[11]

Mais l'angoisse nomme la femme
Qui brodera le chiffre du labyrinthe.

[12]

La sécurité est un parfum.

[13]

Une femme suit des yeux l'homme vivant qu'elle aime.

[14]

Le cœur prochain se place.

[15]

L'air qui patiente et la voile rare
Sœur docile de l'aigle.

[16]

Veilleur éphémère du monde
À la lisière de la peur
Lance ta révolte valide
Elle emporte l'aigre duvet
L'horizon devient rose il bouge
Enfant nous fermons tes plaies.

[17]

Il faut trembler pour grandir.

[18]

Elle voit maigrir les oiseaux inquiets.

[19]

Terreur des trèfles mon égale compagne.

[20]

Les silencieux incurables
Le figuier allaiteur de ruines
Ceux qui canalisent l'écume du monde souterrain.

[21]

Maigre terre condamnée
À la monnaie de bohémienne
Toujours restons les obligés de l'inquiétude.

[22]

Proches étoiles qui paradez dans le double nuage de la famine et de la mort.

[23]

Main-d'œuvre errante de moi-même.

[24]

Hâte-toi de transmettre
Ta part de merveilleux de rébellion de bienfaisance
Effectivement tu es en retard sur la vie
La vie inexprimable.

[25]

On n'enfonce pas son pied dans la source
Pour paraître l'égal de l'amandier.

[26]

Ce fanatique des nuages
A le pouvoir surnaturel
De déplacer sur des distances considérables
Les paysages habituels.

[27]

Souffrez que nous soyons vos pèlerins extrêmes
Semeurs ensevelis dans le labyrinthe de votre pied.

[28]

Fureur tu me traites comme la tristesse
Quand elle déblaie mon chemin.

[29]

Donnons les prodiges à l'oubli secourable.

[30]

Si l'union faisait le sommeil
Non le désert.

[31]

Regarde sans pouvoir l'achever
La merveille agonisante
Le portail poussé tu t'abats.

[32]

Mort minuscule de l'été
Dételle-moi mort éclairante
À présent je sais vivre.

[33]

Laissez filer les guides maintenant c'est la plaine
Il gèle à la frontière chaque branche l'indique
Un tournant va surgir prompt comme une fumée
Où flottera bonjour arqué comme une écharde
L'angoisse de faiblir sous l'écorce respire
Le couvert sera mis autour de la margelle
Des êtres bienveillants se porteront vers nous
La main à votre front sera froide d'étoiles
Et pas un souvenir de couteau sur les herbes.

Nous voici de nouveau seuls en tête à tête, ô Poésie. Ton retour signifie que je dois encore une fois me mesurer avec toi, avec ta juvénile hostilité, avec ta tranquille soif d'espace, et tenir tout prêt pour ta joie cet inconnu équilibrant dont je dispose.

Fin des incidents de cette nuit.

Sur la Poésie

1936-1974

J'admets que l'intuition raisonne et dicte des ordres dès l'instant que, porteuse de clefs, elle n'oublie pas de faire vibrer le trousseau des formes embryonnaires de la poésie en traversant les hautes cages où dorment les échos, les avant-prodiges élus qui, au passage, les trempent et les fécondent.

Il advient au poète d'échouer au cours de ses recherches sur un rivage où il n'était attendu que beaucoup plus tard, après son anéantissement. Insensible à l'hostilité de son entourage arriéré le poète s'organise, abat sa vigueur, morcelle le terme, agrafe les sommets des ailes.

Le poète ne peut pas longtemps demeurer dans la stratosphère du Verbe. Il doit se lover dans de nouvelles larmes et pousser plus avant dans son ordre.

Le poème est ascension furieuse ; la poésie, le jeu des berges arides.

Le poète conservateur des infinis visages du vivant.

Le poète, susceptible d'exagération, évalue correctement dans le supplice.

Il n'est pas digne du poète de mystifier l'agneau, d'investir sa laine.

La poésie est de toutes les eaux claires celle qui s'attarde le moins au reflet de ses ponts.
Poésie, la vie future à l'intérieur de l'homme requalifié.

Terre mouvante, horrible, exquise et condition humaine hétérogène se saisissent et se qualifient mutuellement. La poésie se tire de la somme exaltée de leur moire.

Le poème est l'amour réalisé du désir demeuré désir.

Certains réclament pour elle le sursis de l'armure ; leur blessure a le spleen d'une éternité de tenailles. Mais la poésie qui va nue sur ses pieds de roseau, sur ses pieds de caillou, ne se laisse réduire nulle part. Femme nous baisons le temps fou sur sa bouche ; ou côte à côte avec le grillon zénithal, elle chante la nuit de l'hiver dans la pauvre boulangerie, sous la mie d'un pain de lumière.

Le poète ne s'irrite pas de l'extinction hideuse de la mort, mais confiant en son toucher particulier, transforme toute chose en laines prolongées.

Au seuil de la pesanteur, le poète comme l'araignée construit sa route dans le ciel. En partie caché à lui-même, il apparaît aux autres, dans les rayons de sa ruse inouïe, mortellement visible.

Le logement du poète est des plus vagues ; le gouffre d'un feu triste soumissionne sa table de bois blanc. La vitalité du poète n'est pas une vitalité de l'au-delà mais un point diamanté *actuel* de présences transcendantes et d'orages pèlerins.

Être poète, c'est avoir de l'appétit pour un malaise dont la consommation, parmi les tourbillons de la totalité des choses existantes et pressenties, provoque, au moment de se clore, la félicité.

Le poème donne et reçoit de sa multitude l'entière démarche du poète s'expatriant de son huis clos. Derrière cette persienne de sang brûle le cri d'une force qui se détruira elle seule parce qu'elle a horreur de la force, sa sœur subjective et stérile.

Le poète tourmente à l'aide d'injaugeables secrets la forme et la voix de ses fontaines.

Le poète recommande : « Penchez-vous, penchez-vous davantage. » Il ne sort pas toujours indemne de sa page, mais comme le pauvre il sait tirer parti de l'éternité d'une olive.

À chaque effondrement des preuves le poète répond par une salve d'avenir.

Après la remise de ses trésors (tournoyant entre deux ponts) et l'abandon de ses sueurs, le poète, la moitié du corps, le sommet du souffle dans l'inconnu, le poète n'est plus le reflet d'un fait accompli. Plus rien ne le mesure, ne le lie. La ville sereine, la ville imperforée est devant lui.

Debout, croissant dans la durée, le poème, mystère qui intronise. À l'écart, suivant l'allée de la vigne commune, le poète, grand Commenceur, le poète intransitif, quelconque en ses splendeurs intraveineuses, le poète tirant le malheur de son propre abîme, avec la Femme à son côté s'informant du raisin rare.

Magicien de l'insécurité, le poète n'a que des satisfactions adoptives. Cendre toujours inachevée.

Je suis le poète, meneur de puits tari que tes lointains, ô mon amour, approvisionnent.

L'expérience que la vie dément, celle que le poète préfère.

Au centre de la poésie, un contradicteur t'attend. C'est ton souverain. Lutte loyalement contre lui.

En poésie, devenir c'est réconcilier. Le poète ne dit pas la vérité, il la vit ; et la vivant, il devient mensonger. Paradoxe des Muses : justesse du poème.

Dans le tissu du poème doit se retrouver un nombre égal de tunnels dérobés, de chambres d'harmonie, en même temps que d'éléments futurs, de havres au soleil, de pistes captieuses et d'existants s'entr'appelant. Le poète est le passeur de tout cela qui forme un ordre. Et un ordre insurgé.

Poètes, enfants du tocsin.

La poésie me volera ma mort.

On ne peut pas commencer un poème sans une parcelle d'erreur sur soi et sur le monde, sans une paille d'innocence aux premiers mots.

La poésie est ce fruit que nous serrons, mûri, avec liesse, dans notre main, au même moment qu'il nous apparaît, d'avenir incertain, sur la tige givrée, dans le calice de la fleur.

Le dessein de la poésie étant de nous rendre souverains en nous impersonnalisant, nous touchons, grâce au poème, à la plénitude de ce qui n'était qu'esquissé ou déformé par les vantardises de l'individu.
Les poèmes sont des bouts d'existence incorruptibles que nous lançons à la gueule répugnante de la mort, mais assez haut pour que, ricochant sur elle, ils tombent dans le monde nominateur de l'unité.

Dans le poème, chaque mot ou presque doit être employé dans son sens original. Certains, se détachant, deviennent plurivalents. Il en est d'amnésiques. La constellation du Solitaire est tendue.

Mon métier est un métier de pointe.

Un poète doit laisser des traces de son passage, non des preuves. Seules les traces font rêver.

La réalité sans l'énergie disloquante de la poésie, qu'est-ce ?

Faire un poème, c'est prendre possession d'un au-delà nuptial qui se trouve bien dans cette vie, très-rattaché à elle, et cependant à proximité des urnes de la mort.

Poésie, unique montée des hommes, que le soleil des morts ne peut assombrir dans l'infini parfait et burlesque.

La poésie est à la fois parole et provocation silencieuse, désespérée de notre être-exigeant pour la venue d'une réalité qui sera sans concurrente. Imputrescible celle-là. Impérissable, non, car elle court les dangers de tous. Mais la seule qui visiblement triomphe de la mort matérielle. Telle est la Beauté, la Beauté hauturière, apparue dès les premiers temps de notre cœur, tantôt dérisoirement conscient, tantôt lumineusement averti.

La seule signature au bas de la vie blanche, c'est la poésie qui la dessine. Et toujours entre notre cœur éclaté et la cascade apparue.

La poésie vit d'insomnie perpétuelle.

Sur la poésie la nuit accourt, l'éveil se brise, quand on s'exalte à l'exprimer. Quelle que soit la longueur de sa longe, la poésie se blesse à nous, et nous à ses fuyants.

Le poète est la partie de l'homme réfractaire aux projets calculés. Il peut être appelé à payer n'importe quel prix ce privilège ou ce boulet. Il doit savoir que le mal vient toujours de plus loin qu'on ne croit, et ne meurt pas forcément sur la barricade qu'on lui a choisie.

La poésie a un arrière-pays dont seule la clôture est sombre.
Nul pavillon ne flotte longtemps sur cette banquise qui, au gré de son caprice, se donne à nous et se reprend. Mais elle indique à nos yeux l'éclair et ses ressources vierges.

En poésie, on n'habite que le lieu que l'on quitte, on ne crée que l'œuvre dont on se détache, on n'obtient la durée qu'en détruisant le temps.

Le devoir d'un Prince est, durant la trêve des saisons et la sieste des heureux, de produire un Art à l'aide des nuages, un Art qui soit issu de la douleur et conduise à la douleur.

L'acte poignant et si grave d'écrire quand l'angoisse se soulève sur un coude pour observer et que notre bonheur s'engage nu dans le vent du chemin.

Le poète se remarque à la quantité de pages insignifiantes qu'il n'écrit pas. Il a toutes les rues de la vie oublieuse pour distribuer ses moyennes aumônes et cracher le petit sang dont il ne meurt pas.

La poésie sera toujours au premier chef une évasion, la geôle forcée et l'assurance que cette évasion aux longues et meurtrières foulées a réussi.

En amour, en poésie, la neige n'est pas la louve de janvier mais la perdrix du renouveau.

Nous voici de nouveau seuls en tête à tête, ô Poésie. Ton retour signifie que je dois encore une fois me mesurer avec toi, avec ta juvénile hostilité, avec ta tranquille soif d'espace, et tenir tout prêt pour ta joie cet inconnu équilibrant dont je dispose.

À FAULX CONTENTE

Quand les conséquences ne sont plus niées, le poème respire, dit qu'il a obtenu son aire. Iris rescapé de la crue des eaux.

Le souffle levé, descendre à reculons, puis obliquer et suivre le sentier qui ne mène qu'au cœur ensanglanté de soi, source et sépulcre du poème.

L'influx de milliards d'années de toutes parts et circulairement le chant jamais rendu d'Orphée.

Les dieux sont dans la métaphore. Happée par le brusque écart, la poésie s'augmente d'un au-delà sans tutelle.

Le poème nous couche dans une douleur ajournée sans séparer le froid de l'ardent.

Vint un soir où le cœur ne se reconnut plus dans les mots qu'il prononçait pour lui seul.

Le poète fait éclater les liens de ce qu'il touche. Il n'enseigne pas la fin des liens.

Le Bâton de rosier

Ces poèmes ne sont pas retenus ici par choix. Longtemps ils restèrent méditatifs, mais « en terrasse ». Les voici intégrés. Ce geste, a-t-il semblé, nécessitait quelques mots qui en éclairent l'horizon ancien. D'où ces « portraits » peu d'aplomb

1

Les souvenirs sont cors de chasse
Dont meurt le bruit parmi le vent.

Nous aimons Guillaume Apollinaire recevant ces vers d'une tradition de chasse encore plus cruelle que celle de Vigny qui l'entendit avant lui. Ma grand-mère, qui maniait avec délicatesse d'autres cuivres moins bruyants — cerfs et loups ne m'en sont plus, hélas! témoins — me permit, à la suite d'une lente économie de piécettes, de faire éditer mes premiers poèmes. Leur titre, Les Cloches sur le cœur, *me devint rapidement haïssable; mais, à vrai dire, derrière le titre, c'étaient les poèmes dont je n'étais guère fier.*

Au moment décisif, nous veillâmes grand-mère, ma sœur Julia et moi, jusqu'à l'extinction de ses souffrances qui furent grandes.

LE VEILLEUR NAÏF

L'ange des mutilations avait frappé à la persienne
De son aile large et muette
Dans l'âtre les bûches frémirent
Ne s'effritèrent plus
Les meubles s'assoupirent sur leur base
L'ange avait signifié à l'incroyant
Qu'il devait abaisser la tête
— C'est du moins ce que celui-ci crut entendre —
Veines et muscles saillirent ligotèrent la moribonde
La moribonde ne gémit pas
L'incroyant chassa l'ange
Le temps n'avait plus d'aiguillon
Le battement du cœur montait
Jusqu'aux mâchoires closes
N'incitant pas les lèvres à se désunir
Aucun dénouement dans l'attente de l'incroyant
L'avenir cédait à la minute
Ses pensées fléchirent
Pourtant la glace ne voulut pas
Lui rendre sa véritable image
(Ou ses yeux ne la virent-ils pas)

La chambre bleuissait à son rang
Les plumes de paon trempaient encore au vase
Une brume inhumaine enveloppa ses mains
Il se sentit dès lors sans disgrâce et sans chute
Rajeunie dans les draps la moribonde
À l'instant fut enfin la chose
Pellucide et courant l'espace.

1926

2

C'est au lendemain du mariage, plusieurs fois remis, à cause d'un très grave accident subi par ce scieur de long, mon ami, que quatre vers furent détachés d'un poème ancien, recopiés et offerts aux époux qui me les demandaient. Le malaise de cette transfusion *mit du temps à se dissiper dans mon esprit. La poésie produit parfois des nuages inouïs, sanglants, qui sait? heureux.*

LA MAIN FRUGALE

Épelle l'amour sur les doigts
Lorsque les doigts sont mutilés
Si fervente serait ta joie
Et tant fertile ta journée !

1926

3

Un de mes ancêtres qui s'était lui-même prénommé Sabin, vivait en ermite depuis de longues années sur le grand roc de Cavaillon, la colline Saint-Jacques. Les habitants de la ville l'avaient accepté comme ermite, à charge pour lui de signaler la présence des loups que le rude hiver de 1811 avait multipliés au point qu'ils descendaient en plaine, s'avançant jusqu'aux abords des villages et s'attaquant aux troupeaux. Sabin sur son rocher fut muni d'une lorgnette marine et d'une trompe de chasse ; il devait donner l'alerte, en temps utile, lorsqu'il croyait entrevoir une bande, du côté du Luberon.

Pour prix de cette vraie occupation venant en sus de ses prières, les habitants veillaient à sa nourriture, déposant tous les deux jours une haute marmite de fonte au bas de l'escalier, taillé dans le roc, qui menait à son ermitage. Sabin descendait, serrant sa cuiller de bois dans la main, manger sa soupe épaisse au pied du rocher. Je savais que cet homme avait été le moins serein des hommes malgré son allant et sa situation comique : il n'était pas l'ennemi des loups.

Un siècle plus tard, j'avais dix-neuf ans lorsque durant un temps mort avant mon service militaire à Nîmes, je travaillais chez un expéditeur de Cavaillon, M. Séraphin Bouffard. Je prenais plaisir à monter les quatre-vingts marches jusqu'à l'ermitage et ses environs alors déserts, et j'étalais là le casse-croûte de midi. C'est en songeant à mon parent, l'ermite, que j'écrivis le poème suivant :

SILLAGE NOIR

Au recueil du couchant sonore
À chaque étage de nue
La nuit retrouve, oublie son nom

Il n'est de similitude
Il n'est que solitude
Partant qu'hurlement et loup

L'amour qui s'était assoupi
Comme la mer sous une vague
Garde un visage de momie
Et parle une langue de sable.

1926

4

Quand un enfant boit en cachette un vin terrible qui le laisse ivre de longues heures durant, ivre et sans connaissance, tordant au réveil son estomac jusqu'à plein rejet du liquide, ce vin n'a endormi que son ressentiment et une plainte sourde, sèche, jamais homologuée. Seule sa folie lui semblait douce, parmi l'herbe, comme le ruisseau voisin avec ses cailloux et son sable, ses taillis et ses saules penchés vers l'eau, ses canards libres de couiner. Voilà l'indemnité et le refuge du révolté grandissant!

Quatre ans plus tard, chaque injustice commise à ses dépens ou devant ses yeux lui mettra l'âme en deuil et en bataille.

Enfin, cigarette après cigarette, ce tas puant le mènera jusqu'au vertige et jusqu'aux nausées du vomissement, de nouveau. *C'est ici que l'âge second touchera à son terme. Jeune homme mal gardé, quelques hommes montrés haineusement du doigt, héros malgré eux des travaux les plus ingrats ou les plus purs, lui rendront une parole éthérée et la santé difficile du cœur.* L'Action de la justice est éteinte jugée séditieuse, par certaines ombres, est le moment fort de cette clarification.

POÈME FIN DU MONDE

La tête qui roule hors du panier peut faire sauter n'importe quel pont de la Concorde à cinq heures du matin
Quel échafaud de misère séduisante personne un appartement sans confort
On y fabrique des bombes d'une puissance inouïe
Au bout de deux jours il ne reste plus qu'à allumer la mèche de cheveux d'enfant pour changer la face du monde

Plus de vingt mille forçats plus de cent millions de mouches
Pour quelques kilomètres de route sous un soleil qui ne mûrira pas

Soir 7 mai 1931
Il y a la voiture à roues de pierre au sommet des arbres à fruits
Les terres fertiles ont perdu l'odeur de l'eau et retrouvé le goût des armes

Ceux qui enferment la lumière au-delà des mers
Trouvent une goutte de sang dans leur sable préféré
Il y a la femme que nous saluerons au bord du lac à la tombée de la nuit avec une bonne volonté énorme —
À vous myriades d'insectes puisatiers qui occupez notre chambre quand nous n'avons plus rien à y faire
Un homme de haute taille s'en va côte à côte avec un rossignol à la rencontre des cataclysmes et de son amour

8 mai 2 h 55
Le sable épouse follement le sablier
Les chevaux sont au pas dans la rue. Il fait nuit crois-tu ?
Voici et comme à nouveau à l'heure de notre mort l'ombre sur cette même pierre celle que nous avons poussée du pied en naissant.

1931

5

Page récemment mise au jour, parmi des brouillons délaissés :

> Sommeille, ne dors pas.
> Dehors la nuit est gouvernée.
> Les rêves sont immobilisés.

Que le dormeur fasse son sel en silence. Qu'il nous dispense du récit insignifiant de certains de ses exploits. Ses appointements le lui permettent. À moins qu'il n'étale, sous la dénomination impropre de rêve, la mystification de sa jouissance et de son agonie.

1938

. . . .

Si l'union faisait le sommeil
Non le désert
La convoitise des coopérateurs quitterait ces murs intercalaires
Dont nous sommes ponctués
Occuperait l'aven
Net de frayeur et matinal d'avenir.

1938

Dehors la nuit…

Voici comment les deux volets s'accordèrent sur une langue de petit jour et d'envolée.

6

LA HALTE DE CROISMARE

Ce poème écrit le 7 octobre 1939, lors d'un cantonnement à Croismare, Meurthe-et-Moselle, fut paresseusement poursuivi le 20 octobre, à Struth, Bas-Rhin, puis égaré.

CANTONNEMENT D'OCTOBRE

Il est deux heures trente, il pleut comme à minuit,
Les hommes, buissons froids, dans la boue qui les cerne,
Suivent de leurs yeux las le pas d'une lanterne
Dont la vitre est de lune et la flamme d'oubli.

Les travaux de la mort auxquels ils se destinent,
Sous la terre profonde sommeillent, eux aussi ;
Différents, loin de l'âpreté de leurs outils,
Ils touchent à l'âme obscure des racines.

Voici la paille étroite, la voûte de la grange,
Le dos puissant du grain, la luzerne fauchée,
Le souffle généreux des ans accumulés,
Les songes dont le corps se satisfait d'échanges.

Beauté, ma toute-droite, par les routes d'étoiles,
À l'étape des lampes et du courage clos,
Pose tes mains meurtries sur le bois de la faux,
Grande sœur du retour des hommes sous la toile,
Beauté de nuits brûlées et de fauves échos,
Écroule-moi et sois ma Femme de décembre.

. . . .

Là devra s'engourdir ton amertume, ô pauvre,
Un logis qui pour toi ne veut pas s'éclairer.
Voyant ton cœur bleuir, sentant la mort te mordre,
Tu projettes un départ dans l'immobilité.

Par des loups fainéants, des pitiés désuètes,
On t'incline au voyage, on te pousse au torrent.
Ton ennemi au loin qui te vise à la tête,
Église de nausée, fait son trou dans ton sang.

Beauté, ma toute-droite, par les routes d'étoiles,
À l'étape des lampes et du courage clos,
Dans l'absurde chagrin de vivre sans comprendre,
Écroule-moi et sois ma Femme de décembre.

7

CHANSON DES ÉTAGES

C'est avenue Foch, à Paris, proche du bois de Boulogne, que je rencontrai une amie perdue de vue et de visage aussi. C'est elle qui me parla la première à travers mon hésitation et je fus franchement heureux de la retrouver un court moment. Nous marchâmes ensemble, manifestant notre plaisir, vers le petit chemin de fer du Bois où son jeune fils l'attendait. Elle s'était mariée, il y avait une quinzaine d'années, avec un industriel de Saint-Pair-sur-Mer dont elle avait eu cet enfant. Mari de type royal et un peu maussade. Elle s'arrêta soudain, et me pria, avec quelque gêne, d'écrire pour elle un poème, dans les semaines à venir, afin d'éclaircir son bonheur. Ses pommettes avaient rougi. Il s'agissait d'élever jusqu'à la compréhension de son mari, par un poème, la tendresse violente qui la liait depuis peu à une jeune femme qui plaisait à la fois à son fils et à sa belle-sœur. Son mari en prenait ombrage.

Ignorance ou présage? Bizarre Chanson des étages, *couverte d'embruns! Je promis et je tins. Depuis elle erre parmi mes papiers mal rangés.*

CHANSON DES ÉTAGES

Il fait jour chez la reine.
C'est la nuit près du roi.
Déjà chante la reine.
À peine dort le roi.

Les ombres qui l'enchaînent,
Une à une, il les voit.
Le regard de la reine
Ne s'y attache pas.

Le destin qui les mène,
Dont frissonne le roi,
Ne trouble point la reine.
Brillent la mer au bas,
Et, rythme de ses veines,
Celle qui la brûla,
Sœur de la vague même.

Ô minutes sereines,
Vous n'êtes plus au roi !

Le souvenir d'un chêne
Sur son front de souci
Pose une tache claire.
C'est dans une autre vie,
Quand s'éveillait la reine
Contre le cœur du roi.

Ah ! ferme ton palais
Ou monte en ses étages,
Timide souverain.
Tu comprendras pourquoi
Sur un rocher sauvage
La reine appuie son sein.

Tu comprendras pourquoi
Et t'en consoleras.

1955

8

Le carnet d'Hypnos fut enfoui en juillet 1944, lors de mon départ pour Alger, dans le mur intérieur d'une maison à demi démolie de Céreste. Je le retrouvai à mon retour, et en détruisis, pour des raisons personnelles, la plupart des pages. Un feuillet fut conservé comme témoin.

L'ouvrage parut en 1946 dans la collection Espoir, *dirigée chez Gallimard par Albert Camus. À notre amitié est attaché le poème « De moment en moment », choisi par Camus alors que, parcourant le Vaucluse tous deux, il me demanda d'ouvrir avec ce poème* La Postérité du soleil, *livre illustré de photographies de Henriette Grindat, mais qui ne devait paraître qu'après la mort de Camus.*

DE MOMENT EN MOMENT

Pourquoi ce chemin plutôt que cet autre ? Où mène-t-il pour nous solliciter si fort ? Quels arbres et quels amis sont vivants derrière l'horizon de ces pierres, dans le lointain miracle de la chaleur ? Nous sommes venus jusqu'ici car là où nous étions ce n'était plus possible. On nous tourmentait et on allait nous asservir. Le monde, de nos jours, est hostile aux Transparents. Une fois de plus, il a fallu partir… Et ce chemin, qui ressemblait à un long squelette, nous a conduits à un pays qui n'avait que son souffle pour escalader l'avenir. Comment montrer, sans les trahir, les choses simples dessinées entre le crépuscule et le ciel ? Par la vertu de la vie obstinée, dans la boucle du Temps artiste, entre la mort et la beauté.

1949

9

Vingt années, j'ai habité rue de Chanaleilles, dans la maison des Tocqueville. Le couple des concierges, d'une affabilité et d'une distinction rares, d'une présence spirituelle émouvante, contribua à la longueur facile de ce bail. Matinal, j'endurai néanmoins le sort commun : celui infligé, au temps où ceux-ci passaient aux aurores, par des éboueurs crépitants faisant traîner indéfiniment leur chahut et leurs interpellations au sommet. La rue était courte, les angles des rues Barbet-de-Jouy et Vaneau aigus. Chanaleilles était pour eux certainement l'aubaine.

AUBE D'AVRIL

Gentils boueux,
Gendres des dieux,
Dans ma rue grondez,
Courez vite.

Foudres, mais quand serai-je heureux
Devant l'éclair qui vous dépite ?

10

Comme les larmes montent aux yeux puis naissent et se pressent, les mots font de même. Nous devons seulement les empêcher de s'écraser comme les larmes, ou de refouler au plus profond.

Un lit en premier les accueille : les mots rayonnent. Un poème va bientôt se former, il pourra, par les nuits étoilées, courir le monde, ou consoler les yeux rougis. Mais pas renoncer.

16 août 1982

Loin de nos cendres

1926-1982

JURON SOUS LES SAULES

Je t'excuse tu vas mourir
De la quiétude qui m'enlace

Je n'en veux pas à ton mystère
Et comment croire à mon remords

La violence du jour m'est chère
Plus que la pierre qui t'endort.

1926

MALDONNE

Combien souvent ai-je
Rougi mes paupières
À la lampe indifférente
Combien souvent ai-je
Tracé sur la feuille
Vierge des appels
Les nôtres
Ce ne fut bientôt plus possible
Le moins heureux avait grandi
Et l'autre aimait dans le brouillard.

1926

LE SOL DE LA NUIT

Pour que le même amour revienne
À cette cheminée qui fume
À cette maison qui saigne
Et le vide serait meilleur
Qu'ils soient heureux ceux qui tuèrent
Dans la mansarde du serpent !

1926

TÉMOIGNAGE DE GRANDEUR

Pour connaître cette étrangère
Il faut contourner la terre

Descendre aux flammes du cancer
Aux feux tournants de ses yeux clairs

Mordre à belles dents dans la nuit
Jusqu'aux pépins des autres fruits

Et comparer les deux récits
À la longueur de leurs étuis

Mais elle n'a pas révélé
Qu'en pointes à ses seins brisés
Deux lourds volcans avaient chanté.

1927

L'HEURE DE LA PASSÉE

Ceux qui partent pour les nuages
Se séparent de leur raison
La mer ouverte à l'œil unique
Est leur taciturne horizon.

SUR LE LIVRE D'UNE AUBERGE

Notre arrivée avant le givre
Et les feux chantants de l'hiver,
À l'auberge où il fait bon vivre,
Augure le départ amer.

Il faut courir à la forêt
Se mesurer avec le vent,
Dire aux pluies, à leur volonté :
« Assez de ce jeu ruisselant ! »

Être épris du très seul adieu,
Celui que rompt la main brutale,
Qui engrange sans fin les lieues,
Celui qui luit sur les joues sales.

Oiseau jamais intercepté,
Ton étoile m'est douce au cœur.
Ma route tire sur sa raie,
L'air s'en détourne, et l'homme y meurt.

Lorsque la guerre se taira,
— Blessure devenue berceau —
À Petersbach on reviendra
Révéler les désirs nouveaux.

Alsace, 1939

POUR QU'UNE FORÊT...

Pour qu'une forêt soit superbe
Il lui faut l'âge et l'infini.
Ne mourez pas trop vite, amis
Du casse-croûte sous la grêle.
Sapins qui couchez dans nos lits,
Éternisez nos pas sur l'herbe.

Alsace, 1939

LA MEULE HÉMISPHÉRIQUE

Trop sûrs de nos moyens nous ne devrions pas dénigrer mais pressentir le monde, ne pas le brutaliser ni le certifier, mais lui marquer que nous lui sommes attentifs, et sans l'avoir insidieusement sollicité. Nous garderions vers l'intérieur une étoile naine au bord de son nid, tel un enfant forestier dans la circonférence de son abri tandis que ses parents abattraient à la hache le seul bois nécessaire à leur convenance.

Hommes aux vieux regards, nous vous en prions : au va-et-vient du dur pendule, faites fermenter. Sans trop d'aigreur ni de secousses, sans trop de haine ni trop d'idéal.

Monde aux bleus regards, te voici lavé, rêvant l'avenir. Et quelles miroitantes oreilles !

AVANT DE TE CONNAÎTRE...

Avant de te connaître, je mangeais et j'avais faim, je buvais et j'avais soif, bien et mal m'indifféraient, je n'étais pas moi mais mon prochain.

Moi qui n'ai jamais marché mais nagé, mais volé parmi vous.

UN ROSTRE

Dans le regard du terrible réfractaire, un rostre semblait vous ouvrir en deux. Mais utilement. Et la terre et la forte tête s'abreuvaient ensemble, ne déviant pas de l'instant qui courait sous eux.

>   Ne pressez pas celui que de riants défauts
>   Enveloppent d'un habit de sureau,
>   Terminus, dieu des bornes.

DÉLASSEMENT DE L'AIGUILLEUR

Dans leur suite à peine entrevue, nos parents sont des gares fleuries ou désertes devant lesquelles notre train passe, train sans conducteur ni voyageurs. Nous occupons toutes les places, dos tourné, ou l'œil vers l'azur, du moins nous nous l'imaginons, pauvres enfants !

BLANCHE, MA SAVETIÈRE

Neige d'octobre vole avec son ombre,
Nuée de novembre à l'aube rend l'âme,
Blanche de décembre fait briller la cendre,
À neige de janvier rouge tablier.
Gronde notre cœur au givre des rois,
La Licorne blanche, de frayeur s'abat !

LE CONVALESCENT

Puis je me couvris la tête de mon manteau.
Milarepa

Alentour du poème qui nomme tout silencieusement, on parlerait haut pour ne rien dire dans un langage qui ferait sourire le Temps.

Mes indociles : les cieux cristallins, l'amour ardoisé, se déploieraient entre un soleil réductible et l'agreste nuit non ébruitée.

Comme dans un paysage qui attire le baiser, dans les bras du ravisseur il y a l'imprenable.

Vert meurt, s'appliquait à tracer dans son blason René d'Anjou. Sur le parchemin suivant il écrivait : *Tant*, le plus lentement qu'il pouvait.

Entre ma flèche haut lancée et l'arc retendu aux trois peu rassurantes étoiles, nul ne serait aveuglé à dessein, ni privé de son cœur, même mourant.

Mon secret participe de tous mes instants. Et c'est mon lendemain, en l'effaçant, qui le ravive.

>Les lauriers de l'obstacle
>Ne sont que des chimères
>Pour les jambes racées.

Voici que ma vieille mère me commande aussi la grêle.
Milarepa.

ENCORE EUX !

Piane-piane petit format, sous un ciel de rapaces,
Maisie, enfant nomade,
entre jusquiame roseaux et démolitions,
fais, pieds nus, un mystère de toi ;
il est
des jours alcyoniens.

LOIN DE NOS CENDRES

Notre gâteau de chimères s'étant roussi à son couchant, les premières veilles du temps rival apparurent aux regards.

Plus de limousine noire pour nous emporter sur ses infatués coulisseaux. Destitution vaut possession.

Une fine poussière nocturne dérangeait à peine le duvet de ton cher visage endormi. Ce qui arrivait des étoiles n'était pas théâtral mais observé. Ma timidité renaissait sous de soigneux dehors, ceux que les gelées blanches accordent aux herbes au repos sur le revers des plateaux glacials.

La souffrance commune en dépit de l'aiguillon des échos raréfiés chantait l'hymne hyalin. L'ovation finale n'alla pas à un demi-jour sépulcral, mirifique verrier, mais à une file d'anguilles pressées de quitter le ruisseau natal pour les rivières aux parois inégales. Là s'assemblent les aulnes. Sur le lit du courant passe le sang, le virtuose du retour.

1981

BELLE-ALLIANCE

Rapproche la marée de mes mains ;
Le sel gris au vert s'électrise,
Les étoiles traîne-sanglot,
Ces glisseuses ont voulu leur chance :
Haute mer déroulant mon linge,
Bas soleil habillant ma mort.

Dans les airs au rouge abandon,
Le neutre serait-il à l'aise,
Ô soleil qui blanchis mon linge !

10 février 1981

SE RÉCHAUFFER L'ARDEUR

Dans le froid, le vent, lancées vers vos montagnes,
Se confiant à leur rougeur,
Point d'ailes comme les vôtres, mes grives en décembre ;
Moi je baisse la tête et j'amarre à la rive,
Coureur de vertes eaux originairement ;
Oui, nous sommes pareils lorsque la peur nous crible
De son savoir jamais usé.

Le soleil disparut sur sa palette étroite,
Taisant son lendemain fatal.
Nous ouvrîmes de guerre lasse
Sur la terre enfantine l'écluse d'un bref sommeil.

6 décembre 1981

À QUI S'INFORME D'UNE IMPASSE

Roulements, jurons, désunion !

Dans la ville nouvelle tout s'accourcit sans rite,
Notre-Dame du Lac voit ses pierres soustraites ;
Ne révoquant pas le passé,
La bougie s'affaisse et meurt.

Lors que la beauté naît détruite
Dans le blâme des yeux ouverts,
Faites-vous l'otage du givre,
Le jamais las du bien de vivre.

14 février 1982

Sous ma casquette amarante

Entretiens avec France Huser

1980

UN FEU DANS UN BOCAGE ARIDE

Quand nous nous sommes promenés tout à l'heure dans le pré qui longe votre maison, vous m'avez montré un muret de pierres sèches : « une preuve pléthorique », m'avez-vous dit, et, avez-vous ajouté devant quelques pierres grisonnantes sous les racines d'un arbre, « une trace ».

Probare, c'est éprouver, et plus tard : jeter en avant la preuve. La trace, elle, est l'habitant négligeable du présent. Elle ne cherche pas à développer un plaidoyer mais reste un souvenir vite reconnu, un gué de hasard. Et le plus aromatisé étant généralement un raccourci, elle est une avance sur l'ouvrage humain. Elle ne peut être entièrement reconstituée qu'à partir de cette évidence. Mais toutes deux, la trace et la preuve, nous sont essentielles. Ce qu'on peut rechercher c'est le langage de ces objets qui sont à la fois l'un et l'autre — ils sont preuves mais ne veulent rien prouver que l'inégalité des degrés et des forces dans les grands écarts du provenant. Les traces ne doivent pas forcément demeurer et cette preuve d'un mur jonché de ronces, sur lequel s'appuie un amandier élargi, ne sait rien évoquer sinon une des anciennes limites du jardin, ou un coup d'arrêt aux pluies d'octobre et de mars qui devaient dévaler du coteau. Longtemps nos ancêtres ont dû regarder les orages se précipiter et la foudre griller les bois. De cet effroi et de cette contemplation est apparu le feu conquis. Toute une existence, ses assurances et ses changements, a commencé à partir de cette étincelle, l'ouvreuse de tout un champ.

On gardait le feu dans un pot, en entretenant la braise, nous répétait-on, enfants. Ou on frottait deux lamelles de bois l'une contre l'autre, et cette poussière de bois s'enflammait. Par cette connivence de la nature et de l'homme, la poésie s'est engouffrée, affectant des voies au langage.

La poésie a procédé de la même manière que l'homme de la préhistoire lorsqu'il s'est passionné pour le feu en qui il a vu un bienfait au lieu d'un danger, un rapprochement étroit avec l'eau et sans doute la croissance d'une médecine première, enfin sous les traits d'un rôdeur inquiétant : la mélancolie du songe précoce. Il a alors pu occuper des terres inoffensives qui fixèrent un temps son errance, ses besoins et sa peur diminuée. À cette bataille, il gagnait chaque jour sur son froid intérieur. Avec le feu au plus près, la semence magique n'allait pas tarder à sortir de l'ancien chaos et de l'aride souffrance. À moins que ce ne soit tant de pouvoir fugitif dans les chroniques imprévisibles du ciel, après l'accroissement du vide.

Pourquoi des mots que nous possédions depuis si longtemps se sont-ils jouxtés d'abord comme souterrainement, puis, les uns par rapport aux autres, ont acquis leur disponibilité, leur mandat d'incantation ?

Nous nous sommes trouvés à nouveau dans une situation où il y avait transcription. La paroi, le parchemin, la brique devenaient semblables au pot des braises dans lequel le talisman se conservait. La main racontait. La poésie la précédait ou la suivait dans un même contexte. Ces mots qui s'exaltaient dans notre jeu, dans notre monde de l'usage, au toucher de celui-ci se mirent à frissonner. Les différences ne tardèrent pas à s'accuser puis à s'établir entre la chaleur et le frisson. L'espace utilitaire et l'espace frais rêveur s'allongèrent côte à côte. Les Blancs offraient aux Indiens d'Amérique, en échange de gibier ou d'or, des boutons même pas nacrés, dont les femmes se faisaient des parures où leur beauté se teintait d'ironie. Remarquez que je ne brûle pas les relais, mais que je les élude. De cette spoliation est né le poème bref. Tel, dans ma langue, le rondeau de Villon :

> *Jenin l'Avenu,*
> *Va-t'en aux estuves ;*
> *Et toy là venu,*
> *Jenin l'Avenu,*
> *Si te lave nu*
> *Et te baigne ès cuves,*
> *Jenin l'Avenu,*
> *Va-t'en aux estuves.*

Ou ces vers de Baudelaire :

Ma jeunesse ne fut qu'un ténébreux orage,
Traversé çà et là par de brillants soleils ;
Le tonnerre et la pluie ont fait un tel ravage
Qu'il reste en mon jardin bien peu de fruits vermeils.

Ainsi point le menstrue végétal, eau ardente sept fois rectifiée qui est défi à la mort du verbe. C'est encore l'envers et l'avers. Et c'est dans la brièveté de larmes que réside la plus fascinante projection de cette aigrette de Saint-Elme. Ossip Mandelstam rétorquait à sa compagne Nadejda, pour qui l'œuvre de Khlebnikov était informe : « En voilà des prétentions ! Et ça (citant deux vers), ça ne se suffit pas ? Ça ne vaut pas tout un poème ? » Souvenez-vous de *La Maison du berger*. Lorsque la fin va le tirer à soi, Vigny oblique avec une soudaineté omnisciente, trompe la longue attente, et voici les impérissables derniers vers :

Nous marcherons ainsi, ne laissant que notre ombre
Sur cette terre ingrate où les morts ont passé ;
Nous nous parlerons d'eux à l'heure où tout est sombre,
Où tu te plais à suivre un chemin effacé,
À rêver, appuyée aux branches incertaines,
Pleurant, comme Diane au bord de ses fontaines,
Ton amour taciturne et toujours menacé.

Nous sommes loin de la description qui a tant de difficultés à se freiner ou des coups de reins hugoliens du géniteur lyrique.

La trace est aussi un chemin. Elle peut être ce sentier, les entailles qui bordent les routes. Or vous écrivez dans La Parole en archipel — *je cite le poème en entier* — : « *Les sentiers, les entailles qui longent invisiblement la route, sont notre unique route, à nous qui parlons pour vivre, qui dormons, sans nous engourdir, sur le côté.* »

C'est une perception princière ! Sans doute jugez-vous cela une bien pauvre condition. Songez devant quel soupçon et quelle torture se sont trouvés Villon, Baudelaire, Nerval, Rimbaud, Mandelstam ou Marina Tsvétaïeva, Miguel Hernandez et Georg Trakl. N'oubliez pas que le feu d'artifice des poètes a toujours été tiré dans le cœur de ceux-ci, leurs ennemis du dehors et du dedans les ayant entourés d'une zone livide.

Quand un homme se couche sur un sentier il l'occupe de tout son corps. Au contraire de la route. Sur elle les armées peuvent se déplacer et se croiser en masse avec leur formidable matériel, et les heureux jouir de la vitesse. Réversiblement une petite colonne d'hommes entraînés pour l'attaque se dissimulera mieux et filera, dans un sentier, avec son armement léger, surprendra, avec des dommages, un morceau de l'armée, y jetant le désarroi avant de disparaître à nouveau dans la caillasse et les fourrés. En réalité, nous revenons à la vieille loi des compensations à peine modifiée que la poésie éclaire si souvent de ses exemples et de ses résolutions — et le poète de sa peau. En poésie, la terre entaillée permet de rejoindre un sentier et de dissiper notre accablement. Dans cette modique entaille de la terre, à peine aperçue, qui m'a souvent servi de hamac, tracée généralement par le pas répété des bûcherons, parce que ce sentier est un raccourci, une entrétoile, il y a quelque chose qui a saigné parmi l'herbe et dont nous sommes à l'origine — une meurtrissure, une plaie qui n'est pas provoquée par l'outil ou l'arme, mais par la destinée. Dans les poèmes aussi, certains mots sont là qui mémorisent les entailles. Par la rencontre qu'ils font avec un autre mot ou avec le sens qu'on attend d'eux. «Ô toi que j'eusse aimée, ô toi qui le savais!» (Baudelaire). Ce temps bifurque ici, se loge un peu comme un coin à fendre dans l'espérance du vers. Vous pensez bien qu'il n'est nullement question dans mon poème de cette version que je viens de vous en donner. J'avais très mal un jour de 1958 et ne parvenais pas à éloigner ce mal. Plus je méditais sur lui — oh! sans aucun sang-froid —, plus il m'assenait des coups sourds. Je me suis étendu sur mon lit, j'ai fermé la porte de ma chambre. J'ai jeté sur mes yeux un foulard opaque. C'est dans ces langes qu'est venu au monde le tout petit «La Route par les sentiers».

Nulle contrariété en somme entre les nuances et la violence dans le poème?

L'ardeur, la couleur, la douleur!
Les nuances et la violence sont au coude à coude. C'est par elles que les conflits et les humeurs, à petite allure, se règlent, et que la poésie se prodigue, comme l'eau se filtre à travers les rochers. Dans le Temps, je ne vois pas de vainqueur ni de vaincu, il y a l'élancement de la nuit; dans l'instant il y en a toujours un: le terrible

demandeur. Mais dans l'échancrure de l'éclipse — ou de l'obscuration — qui ne ronge pas la poésie, voici le Verbe, c'est-à-dire la Nuance ardente. Et jetez loin de vous cette confusion. Celle qui a installé à vie sur des continents badigeonnés la terreur et ses percussionnistes. Excluons le mot violence de ces épouvantes par articles et décrets. La violence nous vient-elle du soleil, premier servant, astre qui se respire — et non de l'air qui nous emmaillote? La nuance et l'ardeur élèvent et abaissent la ligne d'horizon, matin et soir, stimulant les sept couleurs. Une des noblesses de la violence, mouvement répondant à un autre mouvement, c'est d'acquitter la dette du persécuté et aussi de le délivrer de cette peste : la fausse connaissance, nourrice des naufrages, des capitulations et des monnaies mensongères. Soudain, nous appelons «au secours» et c'est la violence qui accourt, celle qui se mordait les lèvres, la contre-agressive, avant de nous délivrer.

> *« Je te frapperai sans colère*
> *Et sans haine, comme un boucher,*
> *Comme Moïse le rocher ! »*

Pourquoi cette violence que Baudelaire donne en preuve ?

Pour des motifs immédiats qui ne dépendent pas de nous ; sur cette terre, si vous pouviez le percevoir, vous sentiriez qu'à cinq secondes de cette maison-ci l'ébranlement est continu, mais il est mesuré comme le battement du sang dans des artères vives. L'exquise terre est une boule violente et capricieuse tandis que son invisible sœur jumelle crache des épouvantes partout. Le grand cercle que la terre dessine fait que toutes les saisons se contrarient avant de s'entr'éliminer. Répétons qu'il y a toujours une violence qui répond à une autre violence et la contrecarre en bien ou en mal. La moindre clarté naît d'un acte violent, même une allumette que vous craquez, un phare d'auto que vous allumez. La Poésie aime cette violence écumante et sa double saveur qui écoute aux portes du langage. Large est le domaine de la violence bénéfique, de ses voltiges, et de ses premiers âges !

Dans ce même poème dont vous citez le début, jailli du plus profond de sa fonderie géniale, Baudelaire poursuit :

Je suis la plaie et le couteau,
Je suis le soufflet et la joue !

À ce degré de souffrance et d'envolée, le poète est frère de toute terre et de son malheur.

« *Toute vie qui doit poindre*
achève un blessé.
Voici l'arme,
rien,
vous, moi, réversiblement
ce livre… »

La violence est donc cette fatalité en lutte avec elle-même ?

Remarquez que, nommant le poème qui termine *Les Matinaux*, vous voyez vivre l'acte entre deux feuillets de calendrier, que vous détachez. Ils tenaient à nous par l'espèce de cinéma qui se déroule dans nos fibres irradiantes. Le Temps est non seulement constitué, mais il ne se perd plus aux confins. C'est un don aussi bien lunaire que solaire aux survenants que nous sommes. Notre mince balance enregistre à tout moment nos différences codifiées. Cela ne provoque aucune calamité sinon le chagrin de se séparer d'un être qu'on aime quand il est au terme de chaque rayon de soleil, de chaque figure nouvelle de la lune, depuis son croissant et jusqu'à sa grosse tête enflée. N'endommageons pas de nos excès ce monde détrousseur et son sol nuancé.

*

Il y a donc toujours dissension, affrontement dans l'écriture ?

La poésie ne se laisse pas saisir. Quand elle nous veut, elle est par essence indescriptible : « *Prends-moi, mais tu n'y parviendras pas.* » Alors commence une capricante bataille, un jeu plein de ruses et d'invention. Lorsqu'elle est enfin capturée, c'est la griserie. Il en est ainsi des poèmes dont le sujet est la poésie à demeure. Imaginez une arène qui cerne la place où a lieu la course de taureaux. Parfois on voit l'arène. Parfois on ne voit que le taureau, le picador et le cheval. C'est à leur côté que nous sommes, oubliant qu'il y a aussi une arène et le sang ambigu sur le sable.

Tout à l'heure, vous vous êtes plaint du léger bruit que faisait mon magnétophone, et comme je m'étonnais qu'il vous gênât, vous m'avez dit : « Heureusement que j'ai l'ouïe fine, comment ferais-je pour distinguer un astre d'un autre ? »

Les mots... Le malheur intérieur qui favorise la poésie n'a ni politesse ni majesté. C'est attiser un feu dans un endroit aride. On s'émerveille de la fumée, des taches bleues, des flammes vasculaires, de la liberté météorique. J'ai d'abord une représentation, avec mes cinq sens, des choses advenues. Voici les mots exactement comme si je participais à un bal. Bons voleurs ! Ils valsent, hésitent, fouettent l'air, déploient leurs facettes, et soudain j'arrive sur leur amande intérieure : leur amarre — c'est-à-dire le sens le plus propice à celui qu'exige le poème sur lequel je suis penché. Il y a le sens originel du mot, mais aussi ses attirances, ses répulsions, et cette logique de la poésie qui n'est jamais ni absente ni gangrenée. Je ne minimise pas l'inconscient, mais je lui refuse la toute-puissance. Sans le brimer, je lui propose d'autres prises. Oui, le subconscient, oui, l'inconscient, et leur relativité, mais surtout cette ombre droite venue de nous, non imaginaire, et dont nous ne savons pas de quel être ou de quel objet, à son tour, elle est l'ombre. Quand je dis objet, je dis le minimum. Nous ne savons pas à qui elle appartient, de qui elle continue la course, sinon de quelque chose d'irrévélé, de capital en nous. Parfois on lui donne un nom, l'âme. La poésie se glisse hors de cette ombre qui veut donner au poème son étrangeté. Car la poésie n'est pas une leçon de vers ni une lecture qu'on ferait chanter d'une certaine façon pour qu'on puisse l'appeler poème. Ce mouvement que font les mots est celui même que décrivent les astres, et les vers aphoristiques — quelques mots d'égal mérite — sont bien des espèces de satellites qui sillonnent le ciel mental. Ils ont besoin pour exister de tout l'espace, bien entendu de l'espace de l'homme que celui-ci parcourt de son index, de plus en plus étiré. Quelquefois dans ces vers, il y a une once de l'ombre dont je vous parle — presque rien ; il a été caressé par elle. Attirances, retraits, un exemple mène à l'autre… Parfois il y a un astre mort, et des novae qui conduisent le deuil, accourues de grandes galaxies en flammes. Nous n'avons pas à craindre l'incendie : nous avons commencé par être des brandons de feu. Mais si peu de temps nous est imparti, si peu de vie équilibrée… Nous ne restons pas ici assez longtemps pour être capables de voir que la poésie, loin d'être aussi singulière qu'on lui en fait le reproche, fait partie intégrante de l'univers, avec, dans cette nuit promulguée, cette énigme qui engaine la joie.

Mais les mots s'accompagnent d'averses, d'un chant, ou même d'une rumeur virtuelle. N'avez-vous donc jamais dansé dans une grange ?

Les mots sont des sources vivantes semblables à des dauphins qui émettent entre eux des sons, et doivent se comprendre. La plupart du temps, ils reposent. Vous les frôlez en passant, un peu comme les hirondelles font avec les mouches avant de les avaler. Mais il y a cette seconde où le moucheron est encore vivant. Je prends le sens du mot et je ne l'avale pas, je ne le détruis pas. Je le tiens. Mais parce que je ne voudrais pas qu'un mot ait la sensation d'être prisonnier, je le lâche quand je sais qu'il va rester. Évidemment ce n'est pas aussi simple que de jouer à la balle ou d'arracher les fruits d'un arbre : ce mot fait partie d'un miroir que l'esprit met en mouvement pour s'en servir… comme dans votre grange.

C'est donc du visuel, d'une représentation concrète qu'est d'abord née la première impulsion ?

Oui, car le mot, non seulement désigne, mais représente, impose immédiatement une ou plusieurs figures. Un convalescent, je peux ainsi le « voir » de différentes façons : un homme qui va mourir ? Quelqu'un qui se bat contre la mort ? Une femme — est-elle celle dont je soutiens le bras, ou celle qui se refuse, ou celle encore qui rit de moi ? Le mot donne une représentation tandis qu'une sorte de décor se creuse autour de lui. Mais, tout à coup, le rideau tombe, ce spectacle disparaît : arrive le mot suivant, semblable à un très lointain orchestre, de préférence de chambre. Les musiques que j'aime y retentissent, mais pas fort du tout, en sourdine. Et cela provoque une sorte de bonheur, comme une prairie irriguée un soir d'été, voisine de hauts acacias odorants.

Quelle est cette musique que vous aimez ?

J'aime une musique un peu lointaine, pas glorieuse. C'est alors que l'ouïe intervient, mais en même temps qu'elle écoute, elle lâche le son et revient très vite au solfège : ce sont les mots qui l'intéressent et ceux-ci passent alors un second examen. Et très rapidement la phrase se construit et *signifie* pour nous et pour les autres, même s'ils se trompent. Une force, comme d'un passant inconnu, me soulève, me donne les mots difficiles mais familiers, comme s'ils avaient été, ailleurs, déjà écrits. Je m'en tirerai donc encore cette fois de façon tout à fait possible.

Mais il y a des poèmes qui portent avec eux leur commencement, leur milieu et leur fin, promis à nous, et d'autres qu'on fait à coups de cailloux, qui vous craquent dans les doigts : parce que vous avez l'impression que vous n'avez pas achevé ce que vous étiez poussé à dire.

Qu'est-ce qui fixe votre regard ?

N'importe quelle trame, mais pas n'importe quel expert qui vient quand on ne l'attend pas, et une sensation exaspérante d'avoir un cœur trop précis pour ce besoin que nous avons de nous défendre de l'homme — aujourd'hui. Il n'y a guère plus que lui contre qui nous ayons à protéger l'espoir. Est-ce suffisant de pouvoir dire « un homme à tête d'ennemi » ?

ARTINE
ET LES TRANSPARENTS

En regard du Poème pulvérisé *vous écrivez : « À force de vouloir dire vrai… » et vous laissez des points de suspension. Comment finiriez-vous la phrase si vous alliez au bout de votre parole ?*

Je la laisserais avec les mêmes points de suspension. Je ne la finirais pas… J'y opposerais l'acharnement « à vouloir dire vrai », qui fait que l'on ne ment pas mais que l'on est dégoûté de la vérité : on lui a donné une position qui n'est pas la sienne. Car la vérité c'est quelqu'une où le silence entre pour une large part. Que vous éprouviez devant elle un bien-être, ou, au contraire une gêne, même un manque, ce n'est pas une affaire de bon vouloir. La vérité a ses jours. Parfois elle est autour de nous, elle nous sollicite. D'autres fois, elle est en retrait, et comme presque toujours, dans ces moments-là, il y a des tiers qui interviennent. Il faut lui trouver un motif, et de venir à nous et de nous obliger à aller à elle. Cela n'altère ni ne compromet notre moi, l'émigré profond. Mais je n'en suis pas si sûr. C'est comme si nous prenions un raccourci et, nous éprenant du paysage, modifiions toute sa géographie et la nôtre d'un même élan.

Le silence serait-il nécessaire à la vérité ?

Il arrive que le silence en nous et la vérité existent l'un sans l'autre, ou l'un par refus de l'autre. Mais le silence est l'étui de la vérité. Il est là. Vous ne pouvez pas gratter l'allumette sur du vent. Il est certains gestes qui ne conviennent pas, des moments où nous n'avons pas suffisamment de défi pour pouvoir dire : « Eh bien ! s'il le faut, j'emplirai de vent ma boîte d'allumettes et le feu jaillira. » Ceci est un acte de volonté. Ne négligeons pas le hasard qui soudain fait bien ses choix, et une multitude de mobiles effacés aussitôt. Car il faut revenir à la vérité : elle dissimule une empreinte qui, en soi, est plus qu'un simple pas, un abaissement devançant une invitation, une crevasse voilée de grésil.

« Vérité aux secrètes larmes », écrivez-vous…

Le secret transfuse toujours avec certains tissus influents que nous connaissons à peine. C'est pourquoi, à partir du moment où le secret a opéré cette relation inattendue, il y a en nous douleur comme si nous avions perdu Eurydice. Il faut très vite calmer cette douleur, passer de cette douleur ressentie, derrière laquelle transparaît un autre visage, à cet instant où le secret lui aussi, retient nos mots et leur confère un monopole. Car il nous garde en question, le secret. Il nous permet de perdre en noir, le secret.

Nous sommes capables de détenir une infinie variété de secrets. Mais je n'en découvre qu'un : le secret qui nous conduit à l'innocenter en une sorte de cristal où nous l'apercevons dans une châsse de splendeur. Il a échappé à notre cœur, et lui ayant échappé, il emporte ce cœur même, et des lueurs de nous dispersées.

Votre poème Artine *paraît en 1930. Vous aviez 23 ans. Nombreux sont ceux qui continuent à s'interroger sur lui. Y a-t-il secret ?*

Un mauvais jeu de mots rôde sur le poème… Un ami me disait : « Dans ce rêve — il ne disait pas ce poème — d'*Artine*, il y a quelque chose qui me gêne, je n'arrive pas à trouver l'orée, ni l'échappée, pas même un décalage. » C'est comme une escarre de la réalité, l'escarre d'un fait réel — d'une succession de faits qui exigent des comptes, succession qui est paragraphée, mais abrupte et non récusable. C'est une histoire commencée quand j'avais dix-sept ans et qui s'est poursuivie, comme on agrandit un lieu à mesure que s'ajoutent des reliefs venus d'un autre horizon. Quand j'ai écrit *Artine*, peu encore était distinct. À l'origine, il y avait cette jeune fille brune venue pendant une absence de ma mère, se proposer comme servante, et qui disparut, laissant sur un papier son nom seulement, Lola Abba*, nom que j'avais lu déjà

---

* « L'étroite croix noire dans les herbes portait : Lola Abba, 1912-1929. Juillet. La nuit. Cette jeune fille morte noyée avait joué dans des herbes semblables, s'y était couchée, peut-être pour aimer… Lola Abba, 1912-1929. Un oubli difficile : une inconnue pourtant.

« Deux semaines plus tard, une jeune fille s'est présentée à la maison : ma mère a-t-elle besoin d'une bonne ? Je ne sais. Je ne puis

en m'aidant d'une allumette, sur une croix, la nuit, au cimetière de l'Isle, dans le carré des indigents, mon ami Francis l'Élagueur à mes côtés. Et je ne savais pas pourquoi il y avait là, dans son apparition, dans sa disparition, le feu, la mort, la pluie fine, la vie contournante.

Le merveilleux se glisserait donc ici tel un poisson dans une eau trouble ?

Merveilleux, dites-vous ! Dans le sillage de Melmoth ? Non. Ce merveilleux est trompeur, il a un aspect sévère et ne pose pas les devoirs-énigmes. Il n'a pas de superstition. Il est, tels les yeux battus, entièrement sous la coupe du poème. Le début est une énumération, une menue monnaie que l'on compte en fin de journée des faits survenus sous l'aspect de petits objets : un clou, une roue que la mémoire joueuse a retenue, un édredon changé de lit, dans la soirée...

N'y a-t-il pas dans le récit qui précède le poème de Lola Abba *une pudeur qui vous retient en même temps qu'elle vous pousse sobrement à raconter ? Le poème, tout de mutisme, donne le mot.*

Artine s'est faite à partir de deux personnages : cette jeune morte noyée, Lola Abba, et la jeune fille que j'avais

répondre. "Revenez ? — Impossible. — Alors veuillez laisser votre nom ?" Elle écrit quelque chose. "Adieu, mademoiselle." Le jeune corps s'engage dans l'allée du parc, disparaît derrière les arbres mouillés (il a fini de pleuvoir). Je me penche sur le nom : Lola Abba ! Je cours, j'appelle... Pourquoi personne, personne à présent ? » (*Le Marteau sans maître*, p. 25 : « La Manne de Lola Abba. »)

rencontrée, trois ou quatre ans auparavant, sur la pelouse d'un hippodrome, lieu fascinant entre tous, que je fréquentais comme une terre magnétique. Quand j'étais jeune homme, à peine sorti de l'adolescence, j'allais souvent aux courses de chevaux, et généralement seul. Je me vois encore debout, appuyé contre la barrière du pesage, quand une jeune fille très blonde, de celles qu'on dit adorables, vint s'accouder à côté de moi. Elle me sourit. L'un vers l'autre nous nous sommes penchés et nous nous sommes embrassés. Mais son père l'appela, agressif, et j'eus beau la chercher dans la foule, je ne la retrouvai plus. La cloche retentit. Les nobles chevaux se rendaient au départ. Les gros parieurs avertis se précipitaient aux guichets. Il me resta l'impression très vive de ce qui aurait pu avoir lieu et n'avait été qu'esquissé. Bien plus tard, alors que je ne songeais plus à elle, je l'aperçus en compagnie de sa mère dans un cabriolet qui trottait sur la route d'Avignon. C'était l'époque des jeunes filles à larges rubans ; toujours ils flottaient autour de la taille et les pans du nœud, simulé ou réel, descendaient à l'appel d'une cuisse. Les mères étaient plus belles encore que leurs filles parce qu'elles avaient simplifié le costume. Aussi l'écart des âges se marquait-il par cette différence. L'une approchait de ses vingt ans, l'autre de ses quarante ans. La mère conduisait. Mais d'elle, cintrée dans un tailleur pied de poule, rien ne prenait le vent, tandis qu'avec sa fille tout volait et battait l'air, jusqu'à la croupe du petit cheval. Et le ciel approuvait, et les arbres. Deux ans plus tard, quelqu'un me délivra son nom : elle se mariait. Le titre de *Ralentir travaux*, écrit en 1930 dans le Vaucluse, avec Breton et Éluard, a été trouvé sur la route de Caumont-sur-Durance, à quelques mètres de sa demeure, sans qu'il fût question une seconde d'elle. Quand Breton me demanda un texte traitant de la survivance de l'imprécation dans l'inespéré, je pensai d'abord lui offrir un poème que je venais d'achever, qui avait un rapport avec la jeune fille de l'hippodrome et avec Lola Abba. Mais, à la réflexion, je remis mon bon geste à plus tard. Depuis, cette Artine m'a par intermittence accompagné. Elle n'a jamais été réduite en cendres. Elle apparut sous différents aspects aux abords de l'invisible, la passante sur l'horizon, le cou dégagé. Ainsi à Céreste, en 1943, alors que je sortais d'une cache dans le vieux village, une jeune bohémienne gravissait les marches de l'escalier de la ruelle, à ma soudaine frayeur, puisque le costume merveilleux qu'elle portait signifiait un grand danger pour elle, les tsiganes et les romanichels étant systématiquement exterminés par les Allemands. Elle était flambant neuve, dans des tons vert et rose avec un voile gris pâle à liséré safran. À un mètre de moi, elle leva les yeux. Je ressentis cette fulgurance qu'on a devant un événement préfiguré et résolu sur l'heure. Sans un mot, j'avançai vers elle une main qu'elle me prit, et la cache cessa d'être une cache pour devenir une chambre d'amour. Quand elle repartit, je l'écoutai, les paupières baissées, disparaître parmi les pierres et l'auréole de ce jour. En 1943 cette jeune bohémienne était sœur de Lola Abba et de Françoise de M. J'ajoutai au poème d'*Artine* une page qui lui appartenait mais qui resterait blanche. C'est ainsi que se compose cette sorte de « Constituante », dont le président est le Temps, qui devient une assemblée de poèmes en un seul poème inextinguible. Plusieurs fois encore apparut cette hôtesse de mes sillons exhaustifs à travers les silhouettes réunies par des givres de rencontre, elles ne furent jamais tarissables. Un monde mûrissait là, grappe de baisers saignants. Rien ne sert d'expliquer, il faut mourir à point, laisser à jamais le poème après être né avec lui. La tache brillante continuera à se déplacer dans notre regard tel le nuage dans le persuasif arc-en-ciel.

Anna Akhmatova, écartant tout commentaire, dit à propos du Poème sans héros *et du* Requiem *: «... Je ne le modifierai pas, ni ne l'expliquerai. C'est écrit comme c'est écrit. »*

Sommes-nous devant une scène d'explication ? Mais on ne veut pas expliquer, la nuit s'étendra toujours assez tôt sur elle avec son ballet d'encre et de lumières. On écrit sous la tourmente, et la force qui nous déporte nous oblige à des désespoirs institués. À d'autres moments, de même qu'un être admiré vous accorde un double sourire, que vous n'espériez pas, de même la poésie nous donne le visage achevé de deux déesses enfin réunies. Elle arrive au bord de la divagation, mais ne la franchit pas. L'esprit ne peut guère perdre sans regret la sensation du bien-être. La poésie à mi-chemin n'est pas la liberté. Vérité et liberté ont sans cuisson des rapports d'intolérance. Mais subitement elles ne font qu'une, et à cet instant elles sont la beauté, le campanile percé par l'orgie du vent, et qui ne faiblit pas sous la domination.

Dans quelle circonstance cela survient-il ?

Lorsque, parmi nous, se trouve un être porteur de frissons.

Vous avez écrit aux alentours de 1937 que vous cherchiez, dans les êtres « non pas un écho de mon anxiété ou de ma ferveur, mais ces contrastes et ces vertiges sans lesquels le regard souverain n'existerait pas ». Avez-vous rencontré cet être de contradiction ?

Oui et non. C'est l'aventure de la lune bien éclairée par le soleil, en pleine nuit. On rêve de cet attouchement… Je l'ai vue ainsi hier, cette lune ; en ce moment elle est, à son insu, sublime. Mais ce n'était pas la clarté de la lune que je recevais, c'était la lumière vivante, morcelable et planchéiée du soleil sur la lune, tel un lumineux chrysanthème : ce que le soleil visait et atteignait dans sa chevauchée délibérée, c'était le miroir mortuaire des terrestres. Elle était jaune soufre, irradiant le chagrin d'une puissance extraordinaire, transfigurée, et il me semblait voir le visage grêlé du soleil dans des milliards d'années, tant elle lui obéissait avec droiture. Elle avait perdu son côté sournois, et elle me plaisait bien, cette Joconde, baignant dans un arsenic inoffensif et voluptueux.

Pourquoi les Transparents, vagabonds lunisolaires ?

Une transparence jumelle de celle que nous évoquons, et c'est elle qui m'amène à parler d'eux, en ces lieux de concorde où ces gens ayant bu à la même source — peu la découvriront — savent comment il faut se mettre à genoux, prendre l'eau dans ses mains pour en perdre le moins possible, jusqu'à la gorgée rayonnante. L'adolescent que j'étais s'est mis à la recherche de l'équivalent, ou cet équivalent s'est plu à m'adopter passagèrement… À certaines heures, je trépignais, il me fallait passer, et je ne le pouvais pas, mais d'attentifs alliés me donnaient le lingot de passe.

Ces hommes singuliers circulaient dans votre pays d'un mouvement assez semblable à celui de la terre autour du soleil.

En cette fin de printemps pluvieux ils seraient chaussés de souliers robustes quoique craquelés provenant de vieux stocks de guerre. Chez Diane, les attendent des babouches tressées avec des feuilles séchées de millet blanc. Notre vitesse initiale et les détails de nous-mêmes, sous les talons de la poésie, deviennent poussière aurifère entre les pattes de guêpes maçonnes qui travaillent dans les angles des fenêtres…

Diane était le contraire d'une maîtresse guêpe. Elle était… L'avez-vous approchée ?

Je ne l'ai pas, pour mon goût, suffisamment entourée, mais cependant je l'ai bien retenue. Elle avait une façon très personnelle de demeurer fréquemment seule dans un endroit égayé de marguerites, de coton de peuplier, de vestiges pacifiants, d'autres menues fleurs, à quelques mètres d'une anse de la Sorgue. Diane ensuite ne quittait pas la maison, qu'avec minutie elle appropriait, réparant des effets usagés d'homme, lavant du linge aux couleurs mourantes. À la Saint-Barnabé elle disposait sous les fenêtres belles-de-nuit et œillets sauvages. Les jours de soleil elle chantait et les matins de brume elle fredonnait des airs qui m'échappaient. Le lait, la châtaigne, l'œuf dur, revenaient souvent sous ses doigts gracieux. Une tranche de pain se parait d'un copeau de beurre et d'une barre de chocolat, deux figues sèches étaient tirées de la poche d'une blouse-tablier. J'ai entendu ou aperçu alentour quatre poules et un coq en liberté. Un câprier épanchait le charme de son odeur piquante au midi de la maison. Les seules visites que Diane recevait étaient celles de ses amis les Transparents qui ne se cachaient pas de la courtiser et de l'affectionner. On la caressait, lui donnait des baisers, puis on disparaissait dans l'escalier et le silence était franchement nu. Je prenais aussitôt mes distances par crainte d'être chassé.

Et l'on vous chassa ?

Il m'arrivait de pêcher dans un des bras de la rivière, l'un des plus déshérités qui fût. Je me mettais torse à l'air, le bord de mes culottes de coutil relevé. Sur une distance de cent mètres je fouillais l'eau trop froide, glissais mes mains, doigts rapprochés, sous les racines jusqu'à ce que je sente le ventre d'un poisson palpiter. J'avançais doucement, caressant ses ouïes, puis brusquement je serrais. Pêche cruelle ! Le courant me mouillait jusqu'aux oreilles. Diane était bien la seule que ce jeu amusât. Elle me proposait d'arrêter là ma baignade et de venir me faire sécher par son tablier. Je feignais de ne pas entendre. Elle enveloppait d'herbe le mulet-cabot dont elle était la bénéficiaire et s'éloignait mi-féline, mi-boudeuse dans la direction opposée à celle où ma chemise et mes souliers dénonçaient mon enfance qui finissait. Deux rousserolles dans l'îlot voisin portaient aux nues leur empire d'iris et de roseaux. J'aimais leur chant dix fois plus substantiel, propagé et défripé que celui de la plupart des oiseaux riverains. « Ce que femme veut, Dieu l'oublie! » disait encore, à portée de voix, Diane comédienne. J'avais remarqué dès le premier jour sa chevelure barbare et bien rincée, sans un cheveu blanc, qui pourtant l'aurait embellie, et sa gorge haute sous une couture surjetée.

J'ai, durant deux étés, approché les Transparents, je leur ai lancé mon salut, et j'ai reçu le leur. Les yeux vert jade de Diane, au fur et à mesure des jours, des occasions, des rapprochements, avaient promené l'incidence de leurs rayons sur le gamin que je cessais d'être. Une fraxinelle fleurissait dans la cour. Nous étions au mois de juillet. La présence fiévreuse de l'univers grandissait. Elle était Diane la Transparente et elle était la femme aux offrandes opaques et spacieuses. Diane devait à quelques dieux de l'avoir escortée, mais sans user de persuasion ; ils se reposaient à présent non loin d'elle, dans le micocoulier grec, seul arbre qui jetât de l'ombre sur la fenêtre de sa chambre. Pour moi qui me sentais à l'étroit dans ma famille, m'embrouillait que Diane demeurât fidèle de cœur à ses compagnons. Jamais leur attitude ne varia. Je venais d'avoir quatorze ans et Diane n'avait que l'âge du désir qu'elle suscitait.

Je vivais à son appel, pêcheur de misère et baladin inquiétant, et c'était délicieux. Louis Curel, homme d'expérience qui avait eu des égards pour elle, me souffla un soir : « Une seule femme au milieu de ces marcheurs de lune ! Et loyaux avec elle encore ! Diane est un ange charnel. » Il hésita : « Mais elle ne sait certainement pas ce qu'est un ange ! »

Eux, les Transparents, se hâtant sur les flexures, poursuivaient une légitimité insaisissable avec laquelle le soleil avait peut-être réussi à commercer. Vivre et mourir avait là-bas son estuaire de liberté. Je le rejoindrai au-delà de ma silhouette de demain. Cette nuit qui dure montait dans l'espace comme un sourd-muet compte ses pas dans le désert.

Note de l'éditeur

En trente-trois morceaux a paru en 1956 aux éditions G.L.M. *Sur la Poésie*, publié également chez G.L.M., a connu trois éditions successives (1958, 1967 et 1974), le poème « À faulx contente » étant apparu dans la troisième.

Le Bâton de rosier et *Loin de nos cendres* ont paru pour la première fois dans la Bibliothèque de la Pléiade en 1983 ; à côté de textes inédits, ces deux recueils reprennent, souvent avec des variantes, des poèmes publiés en particulier dans *Les Cloches sur le cœur* (Le Rouge et le Noir, 1928) et *Premières alluvions* (Fontaine, 1946 et 1950).

Sous ma casquette amarante a, lui aussi, paru pour la première fois dans la Pléiade en 1983 ; le texte comporte deux parties dont la première, intitulée « Un feu dans un bocage aride », a été publiée en 1981 dans la revue *Le Débat*.

EN TRENTE-TROIS MORCEAUX
(1956)

Préambule	9
I-XXXIII	11
Nous voici de nouveau seuls…	44

SUR LA POÉSIE
(1936-1974)

J'admets que l'intuition raisonne…	47
À faulx contente	58

LE BÂTON DE ROSIER

1. *Les souvenirs sont cors de chasse / Dont meurt le bruit parmi le vent / Nous aimons Guillaume Apollinaire…*	64
Le Veilleur naïf	65
2. *C'est au lendemain du mariage…*	68
La Main frugale	69

3. *Un de mes ancêtres…*	70
Sillage noir	71
4. *Quand un enfant boit en cachette…*	72
Poème fin du monde	73
5. *Sommeille, ne dors pas*	76
Que le dormeur fasse son sel…	77
6. La Halte de Croismare	78
Cantonnement d'octobre	79
7. Chanson des étages / *C'est avenue Foch…*	82
Chanson des étages / *Il fait jour chez la reine*	83
8. *Le Carnet d'Hypnos…*	86
De moment en moment	87
9. *Vingt années, j'ai habité…*	88
Aube d'avril	89
10. *Comme les larmes…*	90

LOIN DE NOS CENDRES
(1926-1982)

Juron sous les saules	93
Maldonne	94
Le Sol de la nuit	95
Témoignage de grandeur	96
L'Heure de la passée	97
Sur le livre d'une auberge	98
Pour qu'une forêt…	100
La Meule hémisphérique	101
Avant de te connaître	102
Un rostre	103
Délassement de l'aiguilleur	104
Blanche, ma savetière	105

Le Convalescent	106
Encore eux!	108
Loin de nos cendres	109
Belle-Alliance	110
Se réchauffer l'ardeur	111
À qui s'informe d'une impasse	112

SOUS MA CASQUETTE AMARANTE
(1980)

Un feu dans un bocage aride	115
Artine et les Transparents	128
Note de l'éditeur	141

PRINCIPAUX OUVRAGES

- 1928 *Les cloches sur le cœur* (Le Rouge et le Noir).
- 1929 *Arsenal* (hors commerce).
- 1930 *Le Tombeau des secrets* (hors commerce).
  Artine (Éditions surréalistes).
  Ralentir travaux, en collaboration avec André Breton et Paul Eluard (Éditions surréalistes).
- 1931 *L'action de la justice est éteinte* (Éditions surréalistes).
- 1934 *Le Marteau sans maître* (Éditions surréalistes).
- 1936 *Moulin premier* (G.L.M.).
- 1937 *Placard pour un chemin des écoliers* (G.L.M.).
- 1938 *Dehors la nuit est gouvernée* (G.L.M.).
- 1945 *Seuls demeurent* (Gallimard).
- 1946 *Feuillets d'Hypnos* (Gallimard).
- 1947 *Le poème pulvérisé* (Fontaine).
- 1948 *Fureur et mystère* (Gallimard).
- 1949 *Claire* (Gallimard).
- 1950 *Les Matinaux* (Gallimard).
- 1951 *Le Soleil des eaux* (Gallimard).
- 1951 *À une sérénité crispée* (Gallimard).
- 1953 *Lettera amorosa* (Gallimard).
- 1955 *Recherche de la base et du sommet,* suivi de *Pauvreté et privilège* (Gallimard).
- 1957 *Poèmes et prose choisis* (Gallimard).
- 1962 *La Parole en archipel* (Gallimard).
- 1964 *Commune présence* (Gallimard).
- 1965 *L'âge cassant* (José Corti).
- 1966 *Retour amont* (Gallimard).
- 1967 *Trois coups sous les arbres* (Gallimard).

1968 *Dans la pluie giboyeuse* (Gallimard).
1971 *Le nu perdu* (Gallimard).
1975 *Aromates chasseurs* (Gallimard).
1977 *Chants de la Balandrane* (Gallimard).
1979 *Fenêtres dormantes et porte sur le toit* (Gallimard).
1981 *La planche de vivre,* traductions en collaboration avec Tina Jolas (Gallimard).
1985 *Les Voisinages de Van Gogh* (Gallimard).
1987 *Le Gisant mis en lumière* en collaboration avec Alexandre Galperine et Marie-Claude de Saint-Seine (Éditions Billet).
1988 *Éloge d'une Soupçonnée* (Gallimard).

Dans la collection « Poésie »

1967 *Fureur et mystère,* préface d'Yves Berger.
1969 *Les Matinaux,* suivi de *La Parole en archipel.*
1971 *Recherche de la base et du sommet.*
1978 *Le Nu perdu.*
1989 *Éloge d'une Soupçonnée* précédé d'autres poèmes.
1995 *La Planche de vivre,* traductions en collaboration avec Tina Jolas.
1997 *En trente-trois morceaux* et autres poèmes, suivi de *Sous ma casquette amarante.*
1998 *Commune présence.*

Dans la collection « Classiques Hachette »

1994 *La Sorgue* et autres poèmes, anthologie établie par Marie-Claude Char et Paul Veyne, professeur au Collège de France.

Dans la Bibliothèque de la Pléiade

1983 *Œuvres complètes* (réédition augmentée en 1995).

Dans la collection « Quarto »

1996 *Dans l'atelier du poète,* édition établie par Marie-Claude Char.

DERNIÈRES PARUTIONS

181. Maurice Maeterlinck — Serres chaudes. Quinze Chansons. La Princesse Maleine.
182. Pablo Neruda — Chant général.
183. Maurice de Guérin — Poésie.
184. André Frénaud — La Sorcière de Rome.
185. Federico García Lorca — Suites. Sonnets de l'amour obscur.
186. Maurice Scève — Délie.
187. Georges-Emmanuel Clancier — Le Paysan céleste.
188. Victor Hugo — La Fin de Satan.
189. Goethe — Le Divan.
190. Marguerite Yourcenar — La Couronne et la Lyre.
191. *** — Anthologie de la poésie française du XIXe siècle, I.
192. Paul Claudel — Art Poétique.
193. Philippe Soupault — Georgia. Épitaphes. Chansons.
194. Victor Hugo — L'Année terrible.
195. Nicolas Boileau — Satires. Épîtres. Art poétique.
196. Jorge Luis Borges — Œuvre poétique, 1925-1965.
197. Alain Bosquet — Poèmes, un.
198. Pierre de Ronsard — Les Quatre Saisons.
199. André Frénaud — La Sainte Face.
200. Guillevic — Du domaine.
201. Henri Michaux — Plume.
202. Charles Leconte de Lisle — Poèmes barbares.
203. Victor Segalen — Odes. Thibet.

204. Charles Péguy	*Le Porche du mystère de la deuxième vertu.*
205. Michel Deguy	*Poèmes II (1970-1980).*
206. André Salmon	*Carreaux.*
207. Robert Mallet	*Quand le miroir s'étonne.*
208. André Gide	*Les Cahiers et les Poésies d'André Walter.*
209. Rutebeuf	*Poèmes de l'infortune.*
210. Henri Michaux	*Ailleurs (Voyage en Grande Garabagne. Au pays de la Magie. Ici, Poddema).*
211. Jean Tardieu	*L'Accent grave et l'accent aigu.*
212. Jean-Paul de Dadelsen	*Jonas.*
213. Clément Marot	*L'Adolescence clémentine.*
214. Fernando Pessoa	*Le Gardeur de troupeaux* et les autres poèmes d'Alberto Caeiro avec *Poésies d'Alvaro de Campos.*
215. Georges Ribemont-Dessaignes	*Ecce Homo.*
216. ***	*Anthologie de la poésie française du XVIIe siècle.*
217. Henri Michaux	*La nuit remue.*
218. Virgile	*Géorgiques.*
219. Jules Supervielle	*La Fable du monde. Oublieuse mémoire.*
220. André Frénaud	*Les Rois mages.*
221. Jacques Réda	*Amen. Récitatif. La tourne.*
222. Daniel Boulanger	*Retouches.*
223. Alain Bosquet	*Un jour après la vie.*
224. Henri Michaux	*Connaissance par les gouffres.*
225. Boris Pasternak	*Ma sœur la vie* et autres poèmes.
226. Georges Perros	*Une vie ordinaire.*
227. Jacques Roubaud	*ε.*
228. Henri Michaux	*Épreuves, exorcismes.*
229. Georges Séféris	*Poèmes,* suivi de *Trois poèmes secrets.*
230. Pierre Reverdy	*Plupart du temps.*
231. ***	*Chansonnier révolutionnaire.*
232. ***	*Anthologie de la poésie lyrique française des XIIe et XIIIe siècles.*

233.	Daniel Boulanger	*Tchadiennes.*
234.	René Char	*Éloge d'une Soupçonnée.*
235.	Henri Michaux	*La vie dans les plis.*
236.	Robert Sabatier	*Les Châteaux de millions d'années.*
237.	Norge	*Poésies 1923-1988.*
238.	Octavio Paz	*Le Feu de chaque jour.*
239.	Claude Roy	*À la lisière du temps.*
240.	Edmond Jabès	*Le Seuil Le Sable.*
241.	Pierre Louÿs	*Les Chansons de Bilitis.*
242.	Miguel Angel Asturias	*Poèmes indiens.*
243.	Georg Trakl	*Crépuscule et déclin.*
244.	Henri Michaux	*Misérable miracle.*
245.	Guillevic	*Étier* suivi de *Autres.*
246.	Adonis	*Mémoire du vent.*
247.	Max Jacob	*Poèmes de Morven le Gaëlique.*
248.	Dylan Thomas	*Vision et Prière.*
249.	***	*Chansons françaises de la Renaissance.*
250.	Eugenio Montale	*Poèmes choisis (1916-1980).*
251.	Herman Melville	*Poèmes de guerre.*
252.	André du Bouchet	*Dans la chaleur vacante.*
253.	Gaspara Stampa	*Poèmes.*
254.	Daniel Boulanger	*Intailles.*
255.	Martial	*Épigrammes.*
256.	Michel-Ange	*Poèmes.*
257.	John Donne	*Poèmes.*
258.	Henri Michaux	*Face aux verrous.*
259.	William Faulkner	*Le Faune de marbre. Un rameau vert.*
260.	Walt Whitman	*Poèmes.*
261.	Stéphane Mallarmé	*Poésies.*
262.	Yves Bonnefoy	*Rue Traversière.*
263.	***	*Anthologie de la poésie française du XIXe siècle,* II.
264.	Hugo von Hofmannsthal	*Lettre de Lord Chandos.*
265.	Paul Valéry	*Ego scriptor.*
266.	Goethe	*Élégie de Marienbad.*
267.	Lorand Gaspar	*Égée. Judée.*
268.	Jacques Réda	*Les Ruines de Paris.*

269.	Jude Stéfan	*À la Vieille Parque.*
270.	Rainer Maria Rilke	*Lettres à un jeune poète.*
271.	Pierre Torreilles	*Denudare.*
272.	Friedrich Hölderlin	*Odes. Élégies. Hymnes.*
273.	W.B. Yeats	*Quarante-cinq poèmes.*
274.	Bernard Noël	*La Chute des temps.*
275.	***	*Anthologie de la poésie russe.*
276.	André Chénier	*Poésies.*
277.	Philippe Jaccottet	*À la lumière d'hiver.*
278.	Daniel Boulanger	*Hôtel de l'image.*
279.	Charles Leconte de Lisle	*Poèmes antiques.*
280.	Alexandre Pouchkine	*Poésies.*
281.	Elizabeth Browning	*Sonnets portugais.*
282.	Henri Michaux	*L'Infini turbulent.*
283.	Rainer Maria Rilke	*Élégies de Duino. Sonnets à Orphée.*
284.	Maurice Blanchard	*Les Barricades mystérieuses.*
285.	Omar Khayam	*Rubayat.*
286.	Agrippa d'Aubigné	*Les Tragiques.*
287.	Jean Cassou	*Trente-trois sonnets composés au secret.*
288.	***	*La Planche de vivre.*
289.	Pierre Jean Jouve	*Dans les années profondes.*
290.	John Milton	*Le Paradis perdu.*
291.	Pablo Neruda	*La Centaine d'amour.*
292.	Yves Bonnefoy	*Ce qui fut sans lumière.*
293.	Pier Paolo Pasolini	*Poèmes de jeunesse.*
294.	Jacques Audiberti	*Ange aux entrailles.*
295.	Henri Pichette	*Apoèmes.*
296.	Stéphane Mallarmé	*Vers de circonstance.*
297.	John Keats	*Poèmes et poésies.*
298.	Paul Claudel	*Cent phrases pour éventails.*
299.	Louis Calaferte	*Rag-time.*
300.	André Breton	*Poisson soluble.*
301.	David Herbert Lawrence	*Poèmes.*
302.	***	*Les Poètes du Chat Noir.*
303.	Joachim Du Bellay	*Divers Jeux rustiques.*
304.	Juvénal	*Satires.*
305.	Odysseus Elytis	*Axion Esti.*

306.	Nuno Júdice	*Un chant dans l'épaisseur du temps.*
307.	Pentti Holappa	*Les Mots longs.*
308.	Max Elskamp	*La Chanson de la rue Saint-Paul.*
309.	***	*Anthologie de la poésie religieuse française.*
310.	René Char	*En trente-trois morceaux.*
311.	Friedrich Nietzsche	*Poèmes. Dithyrambes pour Dionysos.*
312.	Daniel Boulanger	*Les Dessous du ciel.*
313.	Yves Bonnefoy	*La Vie errante. Remarques sur le dessin.*
314.	Jean de la Croix	*Nuit obscure. Cantique spirituel.*
315.	Saint-Pol-Roux	*La Rose et les Épines du chemin.*
316.	***	*Anthologie de la poésie française du XVIIIe siècle.*
317.	Philippe Jaccottet	*Paysages avec figures absentes.*
318.	Heinrich Heine	*Nouveaux poèmes.*
319.	Henri Michaux	*L'Espace du dedans.*
320.	Pablo Neruda	*Vingt poèmes d'amour. Les vers du capitaine.*
321.	José Ángel Valente	*Trois leçons de ténèbres.*
322.	Yves Bonnefoy	*L'Arrière-pays.*
323.	André du Bouchet	*l'ajour.*
324.	André Hardellet	*La Cité Montgol.*
325.	António Ramos Rosa	*Le cycle du cheval.*
326.	Paul Celan	*Choix de poèmes.*

Ce volume,
le trois cent dixième
de la collection Poésie,
a été composé par Interligne et
achevé d'imprimer par
l'imprimerie Bussière à Saint-Amand (Cher),
le 4 janvier 1999.
Dépôt légal : janvier 1999.
1er dépôt légal dans la collection : mars 1997.
Numéro d'imprimeur : 153.
ISBN 2-07-032984-4./Imprimé en France.

89871